AF247234

ESSAI POLITIQUE.

IMPRIMERIE DE NICOLAS — VAUCLUSE, RUE DE
GRENELLE — SAINT — HONORÉ , N° 59.

ESSAI POLITIQUE

QUELQUES ARTICLES

DE

L'ACTE ADDITIONNEL

AUX CONSTITUTIONS DE L'EMPIRE,

PAR F. LAMARQUE,

CONSEILLER A LA COUR DE CASSATION,
ANCIEN DÉPUTÉ AUX ASSEMBLÉES NATIONALES.

« Lorsque les nobles deviennent héréditaires, ils ne
» peuvent plus guères avoir de modération.....
» Le peuple est admirable pour choisir ceux à qui
» il doit confier quelque partie de son autorité. »
MONTESQUIEU, *Esprit des Lois, l. 2, c. 2.—L. 8, c. 5.*

PARIS.

CHEZ DABIN, LIBRAIRE, AU PALAIS-ROYAL.

1815.

AVERTISSEMENT.

Cet écrit était imprimé, lors de la sanglante catastrophe qui a momentanément replongé dans une sorte de cahos, notre existence politique.

J'ai dû changer ou modifier (non dans le corps de l'ouvrage, dont je n'étais plus le maître, mais dans l'avertissement qui le précédait) ce que j'avais dit sur la personne de ce prince dont la fortune a éprouvé de si étonnantes et de si fatales vicissitudes, mais dont le caractère, les talens et le génie militaire, supérieurs à tout ce qu'on a vu dans les siècles modernes, seront, lors du silence ou de l'extinction des partis, éminemment classés dans l'histoire. (1)

---

(1) Le parallèle entre lord W. et Nap. B. va devenir un sujet fécond pour nos *annalistes*, dont la plupart ne manqueront pas de prendre dans le dernier événement, les principaux traits de leurs rapprochemens et de leurs tableaux.

Mais lord W., personnellement, a un mérite trop réel et un jugement trop sain, pour que la bataille du M. S. J. puisse lui donner l'idée qu'il ait surpassé, ou même égalé encore Napol. B., qui, toujours inférieur en forces, triompha de l'Europe, et vainquit en cinquante combats. La loyauté du général anglais le portera, sans doute, à démentir et à repousser de vils adulateurs, ou d'absurdes et fanatiques ennemis de la gloire de leur patrie.

J'ai dû supprimer également quelques réflexions, aujourd'hui sans objet.

Mais j'ai pensé que si le nouveau Gouvernement que nous attendons du destin , permettait à une nation , naguères la plus forte et la première du globe, et tant de fois protectrice généreuse, de se donner ou de maintenir une *Constitution*, il était possible que le conseil chargé d'en coordonner les diverses parties, voulût jeter un coup-d'œil sur l'acte additionnel que je viens d'analyser , et que j'ai osé (quoiqu'avec modestie et défiance) discuter et contredire sur les points les plus importans.

C'est d'après cette considération , qu'il ne m'a semblé ni inconvenant, ni contraire aux circonstances graves dans lesquelles nous nous trouvons , de publier les observations que j'ai recueillies sur cet acte , et que je soumets à l'examen des publicistes qui voudront y donner un moment d'attention.

Sans doute, il serait dangereux pour la tranquillité intérieure, de passer rapidement de la théorie à l'exécution.

Mais il serait aussi infiniment dangereux pour l'opinion publique, d'étouffer ou même de suspendre la pensée sur quelques institutions vicieuses, dans un acte intégralement bon, et de laisser à ces institutions le temps de prendre racine, de s'entourer de préjugés, et de se fortifier de manière à repousser, peut-être pendant des siècles, tous les efforts de la plus saine raison.

Tel est, au surplus, le sens que donne à l'effet et aux conséquences de l'acceptation et de l'exécution, le décret rendu le 30 avril dernier par Sa Majesté Impériale.

Ce décret porte en termes exprès que : « *L'acte* » *constitutionnel déterminant le mode de la* » *formation de la loi, contient dès-lors, en* » *lui-même, le principe de toute amélioration* » *qui serait conforme aux vœux de la nation.*»

Si la nation, si le peuple conservent ce droit sacré, et si ses représentans, de concert avec le monarque, peuvent, *imprescriptiblement*, s'occuper de modifications dans nos constitutions et dans nos lois,

Si d'un autre côté, le droit de pétition est assuré à tous les citoyens,

Et si nulle atteinte n'a été et ne peut être portée à la liberté de la presse,

Nul doute que les écrivains attachés aux principes d'une sage liberté, n'aient le droit de présenter leurs vues et de proposer des améliorations successives sur les divers articles ou dispositions de la loi.

C'est après avoir pesé toutes ces considérations

graves et puissantes, qu'en tâchant de fonder mon opinion sur des notions exactes et sur des principes justes,

Sans blesser aucune loi,

Sans manquer au respect et aux égards que je dois aux autorités constituées et dont, volontairement, je ne m'écarterai jamais,

J'ai cru pouvoir faire imprimer et publier l'Ecrit que je soumets aux réflexions et à la critique de ceux qui voudront y donner un moment d'attention.

ESSAI POLITIQUE

SUR

QUELQUES ARTICLES

DE

L'ACTE ADDITIONNEL

AUX CONSTITUTIONS DE L'EMPIRE.

> « Lorsque les nobles deviennent héréditaires, ils ne
> » peuvent plus guères avoir de modération.....
> » Le peuple est admirable pour choisir ceux à qui
> » il doit confier quelque partie de son autorité. »
> MONTESQUIEU, *Esprit des Lois, l. 2, c. 2.—L. 8, c. 5.*

QUOIQUE le titre de cet écrit n'annonce d'observations
que contre un petit nombre d'articles de l'Acte constitutionnel, je ne puis m'empêcher de déclarer, en com-
mençant, que dans le système général de l'organisation
de cet Acte, dans l'enchaînement ou la liaison nécessaire de ses diverses dispositions, j'aperçois un vice
radical digne du plus sérieux examen.

C'est l'immense latitude de prérogatives, de privilèges et de force donnée aux premiers pouvoirs, et la

restriction essentielle du caractère, de la force et des droits de la représentation nationale....

Mais quoi ! voudrais-je donc ici, par une imprudente critique, altérer la confiance que réclame et mérite, à tant de titres, le gouvernement sous lequel nous vivons.

Jamais aucun sentiment, jamais aucune pensée ne furent plus loin de moi.

Je rends au chef du Gouvernement un hommage sincère et pur.

Je connais et respecte également la sagesse, l'expérience et l'habileté des ministres et des grands fonctionnaires actuels.

Mais quand il s'agit de lois fondamentales, ce ne sont pas les personnes, ce sont les principes qu'il faut considérer, et ces principes étaient les mêmes sous *Trajan* qui les respectait, et sous *Tibère* qui les foulait aux pieds ; sous *Henri IV*, de l'âme duquel ils semblaient émaner comme de leur source, et sous *Louis XI* dont le cœur fut impénétrable à tout sentiment noble et généreux (1).

----

(1) L'on a dit mille fois (et c'est un point d'instruction reçu dans toutes les écoles) que le fils d'un bon Roi pouvait être un tyran, qu'un ministre habile et sage était souvent remplacé par un homme sans talens, sans patriotisme et sans vertus. Toutes les pages de l'histoire prouvent que cette chance, si malheureuse pour les peuples, se renouvelle à toutes les époques, pour ainsi dire, à chaque instant ; et cependant ceux qui s'opposent aux limites constitutionnelles de la monarchie, raisonnent sans cesse comme si les vertus du prince devaient tenir lieu de constitution et de lois.

Il faut donc, quels que soient, dans telle circonstance, ou à telle époque, le génie, les talens et les
vertus morales et politiques des princes qui gouver-
nent et des fonctionnaires qui composent les grandes
autorités, il faut, abstraction faite de tout mérite personnel, un pacte réciproque, des stipulations claires et
positives, des garanties formelles, solides et perma-
nentes.

Il faut, en un mot, que les pouvoirs soient balancés,
qu'il y ait une *chose publique*, soutenue par des *représentans* du peuple, constitutionnellement élus, par une
assemblée vraiment *nationale* (1).

---

(1) Si on latinise ce mot, *chose publique*, et si l'on
maintient le principe d'*élection*, tous les Français, ainsi que
l'expliquent parfaitement J.-J. R. et Montesquieu, se trouvent sous un gouvernement à la fois monarchique et républicain.

Quelques personnes s'étonneront peut-être, si je dis que
même la *Charte royale*, *octroyée* par Louis XVIII, avait
ce double caractère, et cependant cela est très-vrai.

« Partout, dit Montesquieu, où le peuple, ou une portion
» du peuple a droit de *suffrage*, il y a République. »

Les *pouvoirs intermédiaires* qui, dans notre ancien gouvernement, formaient, avec le Roi, ce que cet auteur appelle
monarchie tempérée, n'étaient ni électifs ni indépendans.

C'étaient des corps dont Montesquieu n'indique pas clairement l'origine, et qu'il présente comme subordonnés,
comme dépendans du monarque (*Esprit des Lois*, *liv*. 5,
ch. 2 et 4.)

Un Gouvernement impérial, tel que l'établissent nos constitutions, est très-différent de cette monarchie tempérée,
il est essentiellement mixte.

« Je n'entends pas, dit J.-J. R., par ces mots : *Gouver-
vernement républicain*, seulement une aristocratie ou une

Ce principe, constamment soutenu, souvent expliqué dans nos assemblées, et gravé aujourd'hui dans tous les cœurs vraiment français, me semble absolument inconciliable avec un assez grand nombre de dispositions du nouvel acte constitutionnel.

Je ne me permettrai d'analyser et de discuter ici que celles qui en fixant l'attention générale, et en jetant quelques inquiétudes sur les vraies bases de notre liberté, m'ont paru les plus graves et les plus importantes. Telles sont les dispositions des art. 3 et 4, sur le *titre héréditaire* et sur le *nombre illimité* des membres de la chambre des pairs.

Les art. 17 et 19, qui déclarent *toutes fonctions*, *compatibles* avec la qualité de pairs et de représentans.

Et enfin les art. 9, 21, 23, 24, 26 et 65, sur l'organisation de la chambre des représentans, sur le mode et la nature de ses travaux, sur le droit de pétition, et sur la proposition de la loi.

J'examinerai, dans une discussion secondaire, ce qui concerne la responsabilité des ministres, les préfectures et les tribunaux.

SECTION PREMIERE.

Titre héréditaire et illimitation du nombre des Pairs.

Pour peu qu'on observe les mouvemens de la société et l'expression non équivoque de l'opinion publique, il est facile d'appercevoir que sur cette institution, dont la génération nouvelle n'avait aucune idée et à laquelle

---

démocratie, mais en général tout gouvernement guidé par la volonté générale, qui est *la loi*. (*Contrat social, liv 2, ch. 7.*)

nulle classe de citoyens ne s'attendait, il s'est manifesté une improbation à peu près générale.

Les publicistes sages et patriotes qui en ont donné ou soutenu l'idée, ont l'âme trop élevée et se croient, d'ailleurs trop forts, pour avoir besoin de contester ce fait, aussi ne le contestent-ils pas, mais ils l'attribuent à une erreur vulgaire, à un préjugé, fruit de ce qu'il est convenu d'appeler *licence* et *anarchie*.

Je pourrais répondre que lorsque chez un peuple éclairé, un sentiment ou une opinion, relatifs aux droits civils et politiques de ce peuple, sont généralement répandus, les raisonnemens spécieux qu'on y oppose ne sont que des sophismes, et que les premiers et les meilleurs guides, en pareil cas, pour le monarque et pour le législateur, ceux qui ne le tromperont jamais, sont cette opinion même et ce sentiment généreux que manifestent librement, dans des temps ordinaires, toutes les classes de citoyens.

Je pourrais en conclure que l'opinion qui existe réellement, et profondément enracinée, contre la pairie héréditaire, étant vraiment nationale, elle devrait, par cela seul, être respectée et suivie, sans qu'il fût besoin d'examiner les prétentions d'une centaine d'olygarques et de cinq à six opulens métaphysiciens (1).

Mais, peu accoutumé à présenter pour règle des préjugés, quels qu'ils soient, j'aborde ici et je vais analyser et discuter franchement les diverses branches du système de l'hérédité de la pairie.

Partons d'abord d'un point reconnu dans toutes les

---

(1) Les olygarques sont aussi une sorte de *républicains*, sans le savoir ; mais *l'olygarchie*, dit Aristote, est un gouvernement corrompu, *dégradation de l'aristocratie*. Nul peuple ne s'en est jamais bien trouvé.

opinions, c'est que la *noblesse* proprement dite, c'est que les *privilèges héréditaires* furent toujours et doivent être, surtout aujourd'hui, dans les mœurs des Français, le fléau de la prospérité publique.

§ Ier.

Le corps des Pairs héréditaires formerait-il un *corps de noblesse?*

L'on convient encore de ce point, qui est considéré parmi nous comme un principe de droit public ; mais l'on soutient que la chambre héréditaire des pairs, telle » qu'elle se trouve instituée et organisée par le nouvel acte constitutionnel, ne *forme point un corps de privilégiés, un corps de nobles héréditaires.*

» L'on n'a point, dit-on, voulu renouveler des prérogatives féodales, ni transporter dans la France libre des usages, des institutions corrigées ou jugées par le progrès des lumières.

» La chambre des pairs n'est qu'une *haute magistrature*, une *corporation représentative*, qui n'est déclarée héréditaire que pour être plus indépendante et plus énergique.

» C'est dans sa formation et sa composition, que la *propriété*, les *talens politiques*, et les *vertus civiques* recevront un hommage pur et un grand *moyen de résistance au pouvoir absolu.*

Enfin, l'on fixe notre attention sur le gouvernement des Anglais qui, avec une pairie héréditaire, maintiennent leur liberté et prospèrent depuis cent vingt-cinq ans.

Je lis et relis ces argumens, et j'ai peine à y croire. Il semble qu'on se joue de notre raison, qu'on nous prenne pour des enfans dénués d'intelligence, ou pour des hommes sans caractère et sans volonté, qui n'oseront ni émettre une idée, ni exprimer un sentiment.

Qu'est-ce donc qu'un *privilège*, qu'est-ce qu'un titre de *noblesse* héréditaire?

C'est une distinction d'état, un avantage politique ou

civil, auquel, *par le fait seul de la naissance*, un ou plusieurs citoyens sont spécialement appelés, alors même qu'ils n'offrent ni talens, ni instruction, ni vertus, et auquel, par la réunion même des vertus, des talens et de l'instruction, les autres citoyens n'ont aucun droit (1).

C'est une supériorité que le jeune insensé, le présomptueux ignorant, le mauvais citoyen, l'homme corrompu obtiennent, de droit, sur le sage vieillard, sur le savant modeste, sur le patriote ardent, dont le zèle, les vertus et le dévouement pourraient être à l'état de la plus grande utilité.

Dira-t-on que ces distinctions, que ces étranges prérogatives ne sont pas accordées aux enfans des pairs héréditaires ? Ce serait encore heurter de front les plus simples, les plus palpables vérités.

Le titre seul de *pair*, que ces dignitaires transmettront à leurs enfans, est une injurieuse, une insultante distinction, pour tous les autres Français.

L'on voit, en effet, sans avoir besoin de remonter à l'origine de cette institution féodale, que le titre de *pairs*, donné à un certain nombre de *grands*, en signifiant qu'ils étaient égaux entr'eux et presque les égaux des rois, leur attribuait, sous tous les rapports, une immense supériorité, non seulement sur la grande

____

(1) On dira, peut-être, qu'ils y ont droit, puisqu'ils peuvent y être appelés par le prince.

Mais dans l'ancien régime, où le *tiers-état* se trouvait politiquement séparé du corps de la noblesse, tout membre du tiers pouvait aussi être anobli par le prince.

S'ensuit-il que dans le régime ancien, les bourgeois eussent les mêmes droits que les nobles, et qu'il n'y eût pas réellement un corps de noblesse?

masse des citoyens , mais sur toutes les autres classes ; même nobles et privilégiées.

Les historiens nous apprennent qu'un roi de Bavière fut jugé au parlement de l'an 788 , par les *pairs* , c'est-à-dire, par les *seigneurs* ; et que, dans une assemblée de l'an 851 , les enfans même de l'empereur, Louis Ier (surnommé le *Débonnaire*), fils de Charlemagne, prirent le titre de *pairs* (1).

Ils nous disent que, dans des temps plus modernes, les pairs de nouvelle institution , faisant, au sacre du roi, une *fonction royale*, y représentaient la monarchie , y paraissaient avec *l'habit royal* et *la couronne* en tête, soutenant tous ensemble celle du roi, et recevant le serment qu'il faisait d'être le protecteur de l'église et du peuple (2).

L'on ne veut pas, sans doute, rétablir ces anciens privilèges, dont l'institution n'eut d'autre principe que la force militaire, et n'exista que chez des peuples barbares , qui n'avaient alors d'autre science que celle des armes, et ne connaissaient aucune des règles de la vraie civilisation.

Pourquoi donc rappeler ce titre et le substituer à

---

(1) *Baluze.* Formules de Marculphe , Chopin , Dutillet. Les Latins ont dit : *Pares* ; les Franco-Romains ont dit : *Pairs* ; les Gallotudesques : *Barons*.

Boulainvilliers (*Histoire de la Pairie*) en prétendant que du temps de Hugues-Capet, ceux qu'on appelait *Pairs de France* n'étaient pas pairs du roi , convient qu'ils étaient pairs de Hugues Capet comme *duc de France*.

(2) L'histoire nous apprend aussi comment ce serment a été tenu. L'église n'a pas eu besoin de la protection des rois ; c'est elle qui les a *protégés*.

Et ni l'église , ni les rois , n'ont protégé le peuple.

celui de sénateur, ou de représentant du peuple (1)?

Mais ce n'est pas seulement par leur titre, que ces nouveaux dignitaires seront distingués et privilégiés, ils le seront aussi, en ce qu'ils partageront le *pouvoir suprême*, en ce qu'ils concourront aux *fonctions de législateurs* et participeront, par cela seul, aux avantages aussi grands que multipliés, qui doivent en résulter.

Or, toute corporation dont les membres peuvent, sans autre titre que celui de la naissance, transmettre une aussi extraordinaire attribution, une si éminente prérogative à leurs enfans et à leurs petits-enfans, forme réellement dans l'état un corps permanent de noblesse.

Et dès lors, tombe absolument le plus important, le plus *précieux des articles constitutionnels*, celui qui consacre l'égalité de droits, l'admissibilité à toutes les places, sans autre distinction que celle des talens et des vertus, article fondé sur un principe éternel de justice, écrit dans toutes nos constitutions, toujours et invariablement soutenu par l'assentiment général, et

§ II.

Prérogative et privilèges réels.

----

(1) Il me semble qu'on a puisé tout le systême de la pairie dans ces six lignes de Montesquieu :

« Ainsi, la puissance législative sera confiée *et au corps* » *des nobles, et au corps qui sera choisi pour représenter le* » *peuple*, qui auront chacun leurs assemblées et leurs délibérations à part, et des vues et des intérêts séparés... »

Fort bien ; mais Montesquieu écrivait dans un tems où il fallait admettre et où il admettoit, en effet, la *noblesse féodale* et les privilèges.

Il était d'accord avec ses principes.

Il ne disait point que la Pairie héréditaire *ne fût pas un corps de noblesse.*

2

nécessairement exclusif de celui qui établirait une distinction de naissance , *une hérédité de pouvoirs.*

Les partisans de cette institution , si contraire à nos
idées et à nos mœurs, représentent ceux qui s'y opposent comme des solitaires qui , ne s'étant occupés que
de *principes abstraits* , de *vaines théories* , et man-
quant d'expérience , n'ont point apperçu les erreurs
qui s'étaient glissées dans nos précédentes constitutions,
et n'ont pas sù découvrir :

§. III.

Les Pairs hé-
réditaires , *in-
dépendans* du
peuple, le se-
raient – ils du
gouvernement ?

« Que la pairie n'est déclarée *héréditaire* qu'afin
qu'elle soit *indépendante.*

En portant toute mon attention sur ce motif inat-
tendu , sur cette prétendue indépendance , qu'on fait
résulter pour la chambre des pairs , de *leurs droits héréditaires* , et dont on répand l'idée avec le plus grand
soin , j'avoue que je ne puis prendre cette considération que comme une *équivoque* , ou comme une dangereuse et fatale *ironie.*

Si c'est une équivoque , j'ose demander une expli-
cation.

Est-ce du peuple , est-ce du gouvernement (c'est-
à-dire des ministres) que les pairs héréditaires seront indépendans ?

Oui , sans doute , ils seront *indépendans du peuple,*
et pourquoi ?

Parce qu'ils ne tiendront rien du peuple, parce qu'ils
n'en attendront rien , et qu'ils ne le représenteront sous
aucun rapport.

Mais ils seront pleinement , absolument et constamment dépendans des ministres.

En voici des preuves multipliées :

Les pairs héréditaires dépendront du gouvernement
ou des ministres , parce que les élections et les vœux

populaires leur étant étrangers et leur devenant bientôt indifférens, ils abandonneront leurs habitations rurales, vivront à la cour et en prendront nécessairement les usages, le luxe et les mœurs.

Ils seront *dépendans*, parce que leur qualité étant *compatible* avec *toutes fonctions publiques* (1), ils attendront du gouvernement des places militaires, des emplois civils, des fonctions de tout genre, des traitemens et des pensions, et ils en attendront et en obtiendront bien davantage encore, ou pour leurs enfans (qui cependant, pairs héréditaires, n'en auront pas grand besoin), ou pour leurs frères, pour leurs neveux et petits-neveux.

C'est alors qu'on verra briller et *censurer* (mais censurer vainement), les prétentions, les folies, les passions et les immoralités *du népotisme* (2).

Ils seront *dépendans*, parce que les ministres et conseillers-d'état pourront être membres de la chambre des Pairs, et que ceux qui n'en seront pas membres, pourront y siéger et prendre part aux discussions.

Enfin, parce que le titre et la nomination des pairs, émanant du chef du gouvernement, et leur *nombre étant illimité*, dans le cas même (ce qui, sans doute, n'arrivera jamais), où quelque circonstance pourrait rendre momentanément incertaine l'opinion de la majorité, rien ne serait aussi facile que de la déterminer par la simple addition de tel ou tel nombre de mem-

---

(1) Art. 17.

(2) Cet état de choses ne dût-il avoir lieu que dans cent ans, il faut le prévoir et le craindre.

bres , dont les ministres auraient connu et essayé d'a-
vance le caractère et les dispositions (1).

L'on cite l'exemple du parlement d'Angleterre ;

Mais on oublie , ou l'on feint de ne pas se rappeler à
quelle époque , dans quelles circonstances et sur quels
motifs fut établi , en Angleterre , la chambre des
pairs.

§. IV.

Réfutation des
argumens tirés
de l'exemple de
la pairie d'An-
gleterre.

Les écrivains Anglais , peu d'accord sur la manière
dont leur parlement fut , dans son origine , constitué
et composé , conviennent tous (et ce point d'histoire
est aujourd'hui très-familier) , que c'est dans le 13me
siècle , en 1215 , que le roi *Jean* , surnommé *Sans
terre* , fut obligé et même forcé d'*octroyer* la *grande
charte.*

Or quelles étaient , à cette époque , les deux grandes
idées dominatrices des gouvernemens et des peuples ?

C'étaient celles du pouvoir religieux et du pouvoir
militaire féodal , pouvoirs de leur nature et habituelle-
ment oppressifs , mais quelquefois et lorsque leur intérêt s'y trouvait réuni , protecteurs de la chose publique contre les invasions ou les prétentions de la
couronne.

C'est ce qui se rencontra à cette époque , et ils étaient
les seuls , l'admission de la chambre des communes
n'ayant eu lieu que plus de soixante ans après (2).

---

(1) L'élévation corrompt les hommes , et il est donné
à bien peu de mortels de supporter une grande prospérité.
(*Polit. d'Arist. liv.* 5 , *ch.* 8.)

(2) Lors de la convocation du Parlement , en 1264 , sous
le règne de *Henri III*, successeur immédiat de *Jean Sans
terre* , on y admit les députés des villes et bourgs ; et
c'est à cette admission que les historiens , notamment *Rapin
Thoiras* , fixent l'origine de la Chambre des Communes.

Mais *Delolme* observe qu'à cette époque le Roi et le Prince

Les nobles qui s'étaient illustrés par un grand nombre d'actions glorieuses, et de preuves de courage et de fermeté, furent alors regardés comme autant de colonnes sur lesquelles reposaient les droits du peuple.

« Et c'est pour cela, dit un écrivain politique an-
« glais, que lors de la coalition, ou dans le grand
« contrat ou charte originaire (*compact*) qui fut passé
« entre le roi *Jean* et le corps de la nation ; le roi et
« le peuple convinrent ensemble *de confier aux nobles*
« *la surveillance de l'exécution de la grande charte,*
« avec pouvoir pour eux, ou pour leurs successeurs,
« de prendre les mesures qu'ils jugeraient convenables
« pour affermir la juste et légitime exécution des ar-
« ticles qui y sont compris (1). »

A cette même époque où les communes étaient frappées de la plus profonde, de la plus absolue nullité, l'autorité des chefs de la religion ou des corporations du clergé égalait et surpassait peut-être celle des nobles.

Aussi voit-on que cette charte de 1215, contient la promesse de convoquer, en première ligne, les *archevêques*, *évêques* et *abbés*.

Sommes-nous dans les mêmes circonstances ? avons-

étant prisonniers, on ne peut pas, malgré l'approbation qu'ils donnèrent, considérer ce nouvel établissement et cette admission des députés des communes, opérés par le comte de Leicester, ennemi du Roi (et qui fut défait et tué en 1265) comme ayant eu lieu légalement.

Il fixe cette admission à 1295, sous le règne d'*Edouard I*[er], successeur de Henri III.

(1) Brooke. Théorie de la constitution de la Grande-Bretagne. (Traduction de M. Barère de Vieusac, membre de la Chambre des Représentans.)

nous les mêmes motifs pour distinguer aussi éminemment la chambre des pairs?

Où sont, parmi nous, les *nobles* anciens qui, par
leurs actions d'éclat, par leurs mémorables efforts
pour la liberté et pour la patrie, méritent d'être considérés comme les colonnes sur lesquelles repose-
raient, avec sûreté et honneur, les droits de la nation
française?

Où sont les *prélats* dont la sainteté ou le génie ap-
pellent le respect et la vénération des peuples?

Où sont les *préjugés* qui existaient alors et qui, en
Angleterre comme en France, et dans tous les états
de l'Europe, attachaient *héréditairement* à la noblesse
toutes les dignités, toutes les grandes fonctions, toutes
les hautes places religieuses, militaires et civiles?

Les Français ont aujourd'hui des idées, des principes, ou si l'on veut, des préjugés absolument contraires.

La noblesse héréditaire n'est plus.

Les ministres de la religion sont respectés, sans
doute, mais ce n'est ni par leurs privilèges, ni comme
formant dans l'état un corps séparé, c'est comme les
autres citoyens, par leurs talens ou par leurs vertus.

Et cette classe que, sous le nom *de tiers-état*, une
barbare noblesse avait long-temps considérée comme
une tourbe *d'ilotes*, forme aujourd'hui la masse éclairée
de la nation ; c'est elle qui réunit la science militaire et
celle de la politique à la science du commerce et des
arts, et c'est dans tous les esprits et dans tous les cœurs
qu'est aujourd'hui profondément gravé le principe, *non
de l'égalité absolue, non de l'égalité de fonctions, mais
de l'égalité de droits,* et de là cette maxime, consacrée
dans toutes nos précédentes constitutions, *« qu'il ne
» peut y avoir parmi nous aucune distinction de nais-
» sance, aucune hérédité de pouvoirs, et que les fonc-*

» *tions publiques ne peuvent jamais devenir la propriété*
» *de ceux qui les exercent.* »

Si vous rejetez cette maxime , si vous établissez une hérédité de pouvoirs , si vous accordez *en propriété* , à telles ou telles familles , les grandes et éminentes fonctions de la chambre des pairs.

Essayez de prouver par des raisons tirées du principe et de la nature même de l'établissement, que cette innovation, si inattendue, convient à notre situation politique ; mais ne vous appuyez pas sur l'exemple de l'Angleterre, puisque vous voyez bien clairement , bien évidemment démontré que les grandes prérogatives de la chambre des pairs anglais furent le résultat nécessaire de l'empire que donnaient alors à la noblesse et au clergé le droit féodal , les préjugés religieux , la nullité des communes.

Et qu'en France , ce droit des Vandales, ces absurdes erreurs n'ont plus d'empire , et que les communes sont au premier rang.

Tenons-donc pour certain que si de grands motifs et de forts préjugés demandaient en Angleterre le titre et le droit héréditaire des pairs, des préjugés, des motifs contraires , des mœurs, des temps différens les repoussent en France.

Ajoutons ici que les partisans de la chambre héréditaire tombent dans une contradiction palpable , ou se dissimulent à eux-mêmes leur véritable opinion , lorsqu'ils veulent, à la fois, prendre pour modèle, dans cette institution, celle du *parlement d'Angleterre* , et persister à soutenir que cette chambre ne formera point un corps *de noblesse*, mais seulement une corporation *représentative* qui , par son titre même *d'hérédité*, se trouvant plus *indépendante* du chef du gouvernement, en soutiendra mieux la constitution et l'intérêt national.

§. V.

Preuve tirée de l'assimilation de la chambre héréditaire des pairs, à celle du parlement d'Angleterre.

Cette assimilation , loin de favoriser le système qu'on

veut soutenir , lui nuit essentiellement , puisque , relativement à l'Angleterre , tous les documens anciens et
modernes , tous les actes parlementaires , tous les faits ,
tous les historiens, tous les publicistes , ont constamment présenté la chambre des pairs anglais , sinon
comme antipopulaire , du moins comme indépendante
du peuple , et *dévouée à la couronne.*

Ecoutons sur ce point , *Blackstone, Montesquieu ,*
et *Delolme.*

Ce dernier , dans son ouvrage sur la constitution
d'Angleterre (1) , s'exprime ainsi :

« Comme *les nobles* , qui forment le deuxième ordre
de la législation , se trouvent n'avoir aucune proportion
avec la totalité du peuple , ils ont , d'un autre côté ,
reçu *tout l'éclat des honneurs personnels et d'un titre
héréditaire.*

» *L'étiquette* donne à leur corps une grande *supériorité* sur celui des *représentans* du peuple ; ils sont la
maison haute et ceux-ci sont la *maison basse.* Ils sont
censés plus particulièrement *le conseil du roi* , et c'est
dans le lieu de leur assemblée qu'*est son trône.*

« Lorsque le roi vient en parlement , c'est de la
chambre des lords qu'il fait citer les communes , et elles
y *comparaissent à la barre* pour entendre sa déclaration.

Le même auteur détaille ensuite diverses attributions
qui établissent la supériorité de la chambre des pairs ,
et l'infériorité de la chambre des communes, attribution
dont la connaissance est aujourd'hui familière.

Je ne ferai remaquer que ces deux derniers traits :

« Les lords sont membres de la législation *en vertu
d'un droit inhérent à leur personne* , et censés assister en

____

(1) Tom. 1 , l. 2 , ch. 3.

» Parlement pour leur *propre compte* et pour le soutien *de leurs intérêts propres* ; et ils ont, en conséquence, le privilège de donner leur suffrage par *procuration*, et d'entrer, c'est-à-dire, d'enregistrer un protêt contre les résolutions de leur chambre.

» Cette partie de la puissance législative étant *destinée à balancer souvent le pouvoir du peuple*, ce qu'il n'a pu recevoir en force réelle, il l'a reçu en *splendeur et grandeur* extérieure, *et lorsqu'il ne peut résister par son poids, il en impose par son volume.*

» Un corps de *noblesse*, dit *Blackstone*, est essentiellement nécessaire dans une constitution mixte telle que la nôtre....

» Les *nobles* sont des colonnes qui servent à *soutenir le trône....*

» Les *titres de noblesse* étant nécessaires dans cet état, il s'ensuit que ceux qui les possèdent doivent *former une branche de législation* ; il faut qu'ils s'assemblent, qu'ils délibèrent séparément, et aient un pouvoir distinct de celui des communes. (*Commentaires sur les lois anglaises*, liv. 1, ch. 2.)

C'est ainsi que Montesquieu a envisagé et la chambre des pairs d'Angleterre, et l'ancienne noblesse française.

« La *noblesse*, dit-il, est toujours portée à *défendre les rois.*

» La *noblesse* anglaise s'ensevelit avec Charles Ier. *sous les débris du trône*, et, avant cela, lorsque Philippe II fit entendre, aux oreilles des Français, le mot de *liberté*, la couronne fut toujours soutenue par cette noblesse qui tient à *honneur d'obéir à un roi, mais qui regarde comme la souveraine infamie de partager la puissance avec le peuple* (1).

------

(1) Esprit des Lois, tom. 1, l. 8, ch. 9.
C'est dans ce même ouvrage et quelques pages plus

Si les partisans du système héréditaire jugent que tout cela est bien , s'ils pensent que le principe d'organisation, établi et développé par les publicistes que je viens de citer , soit nécessaire pour le maintien du gouvernement, si enfin ils veulent absolument assimiler la chambre héréditaire des pairs de France à la chambre des pairs du parlement d'Angleterre , alors nous leur dirons :

Ne nous déguisez rien , découvrez-nous franchement et entièrement votre pensée ;

Convenez que la chambre des pairs formera un corps de *noblesse* , auquel , comme en Angleterre , sera attaché *tout l'éclat des honneurs personnels et d'un titre héréditaire* ;

Qualifiez-la de *chambre haute* , et celle des représentans de *chambre basse* ;

---

haut , que ce grand politique s'exprime ainsi , en parlant des élections populaires :

« Le peuple est admirable pour choisir ceux à qui il doit « confier quelque partie de son autorité.

« Si l'on pouvait en douter , il n'y auroit qu'à jetter les « yeux sur cette suite continuelle de choix étonnans que « firent les Athéniens et les Romains.

« Ce qu'on n'attribuera pas sans doute au hasard. » *Ibid. liv.* 2 , *ch.* 2.

Montesquieu a retracé l'esprit et les principes de tous les gouvernemens , même ceux du *despotisme.*

Voilà pourquoi il est si facile d'abuser de son autorité et de le citer pour et contre ;

Mais il faut être bien peu attentif pour ne pas appercevoir la préférence qu'il donne (sauf ce qui concerne la *royauté*) aux élections du peuple sur les privilèges personnels et sur les droits héréditaires.

Considérez les pairs comme formant héréditairement le *conseil du prince;*

Dites que dans telle et telle circonstance, les représentans du peuple comparaîtront à *la barre de la chambre des pairs* pour entendre la déclaration du chef du gouvernement;

Que dans les conférences qui auront lieu entre les membres des deux chambres, formées en comité, ceux de *la chambre des représentans devront y être découverts;*

Dites que les pairs héréditaires sont membres de la législation, *en vertu d'un droit inhérent à leur personne*, et censés assister au parlement pour *leur propre compte* et pour le *soutien de leurs intérêts*, qu'ils ont le privilège de donner leur suffrage *par procuration;*

Convenez enfin que dans toutes les discussions qui pourront s'élever, dans tous les débats qui auront lieu, les prétentions des ministres, ainsi que celles des *magnats*, l'emporteront toujours sur l'intérêt national, sur le droit politique des citoyens.

C'est ainsi que cela se pratique en Angleterre. (1)

Et cependant il se présente ici, même relativement aux Anglais, une observation bien importante.

Tout ce que nous venons de remarquer sur les im-

----

(1) L'inconvénient serait moins sensible, si les membres distingués de la chambre des communes, entrant dans la chambre des pairs, pouvaient y exercer une grande influence;

Mais un préjugé anti-populaire semble établir une ligne de démarcation entre l'ancien pair et le *pair nouveau.*

« Celui-ci, dit Delolme, admis dans une assemblée qui « *tient ses droits de sa naissance*, y trouve des hommes

perfections ou les vices de leur constitution, prouve
que la *féodalité*, ce *chêne antique* dont Montesquieu
appercevait la tige et les branches, sans pouvoir en
découvrir les racines, n'a pas été chez les Anglais,
comme en France, entièrement déraciné.

C'est une tache dans leur gouvernement et dans leurs
lois qui offrent, sous d'autres rapports, les plus sages
combinaisons, les résultats les plus heureux.

Mais il ne faut pas croire que si une circonstance
quelconque opérait, chez ce peuple mélancolique et
passionné, un mouvement vraiment populaire et libre,
ils fissent aujourd'hui, dans l'établissement de leur
chambre des pairs, ce qu'ils ont fait à l'époque de *leur*
grande charte.

Alors il fallait bien que les nobles formassent le
parlement, puisque, disposant seuls de la force armée
et de la législation, ils réunissaient tous les pouvoirs.

Ces législateurs guerriers ne se créèrent point, comme
on voudrait le faire aujourd'hui en France, des titres
héréditaires ; mais ils se maintinrent dans la possession
de ceux que leur avaient militairement et féodalement
transmis leurs ayeux.

Quelle similitude peut présenter une pareille institution née au treizième siècle, avec celle qui convient,
six siècles après, au peuple le plus civilisé de l'Europe,
à un peuple éclairé, généreux et fier, qui ne reconnaît

« *jusqu'ici ses supérieurs*, des hommes *jaloux des talens de*
« *l'homme nouveau*, et qui sont bien résolus qu'après avoir
« été le chef dans la chambre des communes, il ne soit pas
« le premier dans la leur. »

On sent, de reste, ce que signifie cette résolution d'empêcher qu'il ne *soit le premier.*

et n'admet ni noblesse, ni grands, ni aucune sorte de privilèges héréditaires.

Pour y plier nos idées, nos usages et nos mœurs, il faudrait détruire l'imprimerie, brûler ce qu'on a imprimé, et rentrer dans le cahos de l'ignorance, de la féodalité et de la servitude (1).

____

(1) Il en est de la Noblesse comme de la *Religion*.

Nous respectons telle Religion ancienne, parce que son origine se perd dans la nuit des siècles les plus reculés;

Mais si elle naissait aujourd'hui, il est plus que douteux qu'on lui accordât les mêmes avantages.

Ainsi on tolère dans différentes parties de l'Europe, et nous avons nous-mêmes toléré une *noblesse ancienne*, parce qu'elle était couverte du voile des préjugés et des habitudes gothiques, parce que la regardant comme une classe séparée et presque ennemie, nous avions contr'elle la coalition immense de toutes les autres classes de citoyens, et les plus fortes et les plus utiles préventions.

C'était, en quelque sorte, une nation *voisine* avec laquelle nous avions fait un traité et vivions en paix.

Mais nous n'admettrions pas, nous ne tolérerions pas ainsi une *noblesse nouvelle*, et pourquoi ?

Parce qu'il n'y aurait dans cette institution rien de mystique, rien d'obscur; parce qu'en la voyant naître et se former, nous appercevrions, sans aucune sorte de superstition, tout ce qu'elle a de vicieux.

Sous le régime féodal, nous n'étions pas jaloux de ceux que de vieilles erreurs ou de longues oppressions nous avaient accoutumés à considérer comme formant une classe supérieure; nous savions, d'ailleurs, que nul préjugé n'attachait alors la noblesse au mérite; nous le serions de nos égaux, nouvellement anoblis parce que leur élévation serait fondée sur une supériorité présumée en talens et en vertus, et que nous aurions, chaque jour, occasion de connaître leur infériorité, souvent très-marquée, en vertus et en talens.

Et cependant les auteurs de cette institution sont allés, même à cet égard, plus loin que leurs modèles.

« *En Angleterre*, et dans l'origine de l'établissement, dit un des écrivains que j'ai déjà cités, lorsqu'un pair mourait sans héritier, il fallait, pour son remplacement, le concours des trois états, à *la suite d'un acte solennel du parlement* assemblé, et quoique cet usage eût été, à certaines époques, enfreint par quelques rois *exerçant la tyrannie, les meilleurs rois d'Angleterre* s'y sont toujours *inviolablement conformés*. Il a même, à quelques exceptions près, été observé par les plus mauvais princes jusqu'au règne de Henri VII (1).»

« Et ce *Henri VII*, dit un autre écrivain, était l'un de ces *Tudors* sous lesquels toutes les barrières, qui défendaient les peuples contre les excursions du pouvoir exécutif, avaient été renversées (2).

L'on voit donc que, dans *l'opinion des publicistes anglais et étrangers*, ce mode de remplacement par le concours des trois états, par un acte du parlement était une des barrières, une des garanties des droits et des libertés du peuple, barrière qui n'a pu être renversée que par la plus audacieuse, par la plus funeste tyrannie. »

Et l'on voit, au contraire, que, loin d'exprimer le même sentiment, de manifester la même indignation contre cet attentat, *nos publicistes français* n'ont pas même donné, à ce renversement de barrières, la plus légère attention.

D'après le nouvel acte constitutionnel, c'est le chef du gouvernement, et conséquemment la corporation des ministres (je parle toujours pour l'avenir) qui, sans modification, sans restriction, sans aucune sorte

----

(1) Brooke, sur la Constitution d'Angleterre.
(2) Delolme, liv. 1, ch. 6.

de réserve, nomme exclusivement et remplace, à volonté, tous les membres de la chambre des pairs.

Autre circonstance plus grave encore.

En Angleterre, on a profondément et vivement senti les funestes inconvéniens de *l'illimitation du nombre*. On en a vu, surtout, un exemple effrayant sous la reine *Anne*, qui *nomma douze pairs à la fois*, ce qui fut cause, dit *Blackstone*, qu'on proposa un bill pour en limiter le nombre, bill qui passa dans la chambre des pairs, mais qui fut *rejeté par la chambre basse, parce que les membres qui la composaient voulaient se conserver une entrée facile dans celle des pairs* (1).

En France, où ce trait historique était bien connu, l'on n'a ni apperçu, ni senti les dangers de l'illimitation, et l'acte additionnel porte, en termes exprès, que *le nombre des pairs est illimité*.

Je ne ferai pas à nos publicistes l'injure de penser qu'ils aient voulu aussi, dans le cas où la première création viendrait à les omettre, se conserver une entrée facile dans la chambre des pairs.

Je suis bien convaincu (et j'aime à le publier), qu'ils ont eu les plus honorables motifs, et que c'est la rapidité forcée, l'excessive multiplicité de leurs grands et importans travaux, qui seules, les ont empêchés d'appercevoir qu'en puisant dans la constitution des Anglais l'institution de la pairie héréditaire, ils la prenaient dans un état de dégradation, sans la considérer dans son origine, sans avoir égard à l'opinion qui, en déplorant de funestes abus, regrettait vivement l'époque où cette institution avait été plus populaire et plus pure.

---

(1) *Blackstone*. Comment. sur les lois angl. liv. 1, ch. 2.

Mais, ce qu'il est de mon devoir de faire remarquer, c'est que la pairie héréditaire, telle qu'on l'établit en France, par le nouvel acte constitutionnel, n'aurait pas, en Angleterre même, le suffrage des publicistes.

Après avoir traité sous ce premier point de vue, la question si importante de l'adoption du système anglais, et avoir prouvé (du moins j'ai lieu de le croire) que la *pairie* en introduisant en France une *noblesse héréditaire*, étrangère à toute représentation du peuple, opérerait dans le gouvernement impérial actuel, une *vraie révolution*, un changement substantiel et fondamental, je vais présenter cette même question sous un nouveau rapport.

Je vais faire observer, qu'indépendamment de ce qu'on a fermé les yeux sur l'essentielle différence que met entre les deux peuples la situation insulaire des Anglais (situation qui, lors de leurs mécontentemens intérieurs, de leurs troubles civils, les préserve des guerres continentales, des agitations extérieures, et à laquelle ils doivent, non-seulement la prospérité de leur commerce, mais leur salut et leur indépendance politique), on oublie également que les incohérences, les imperfections ou les vices, résultant dans la constitution des Anglais, de leur antique gouvernement féodal, se trouvent essentiellement tempérés par des modifications que nous n'admettons pas, et par l'établissement d'une chambre des communes bien plus fortement organisée, et infiniment plus indépendante du chef du gouvernement et des ministres, que celle qu'institue le nouvel acte constitutionnel.

SECTION II.

Examen des articles relatifs à l'organisation de la Chambre des Représentans.

« Vous tendez toujours, m'a dit un ancien ami, patriote éclairé, d'une ame noble et élevée, et qui, revêtu de hautes fonctions, ne montre à mes yeux qu'un seul défaut, celui *d'un calme imperturbable et d'une extrême, d'une excessive tolérance*, « vous ten-« dez à un état de perfection chimérique.

« Je ne veux pas vous contester les inconvéniens que vous venez de retracer, et qui, dans toutes les sociétés, sont plus ou moins nombreux, plus ou moins difficiles à prévenir ou à éviter.

« Mais ce que vous devez appercevoir, c'est l'art du législateur qui, à côté de cette autorité puissante, de cette grande force nécessaire dans tous les gouvernemens, place habilement un contre-poids, au moyen de résistance, pleinement et absolument rassurant pour la liberté publique ;

« Ici, le vrai *palladium* de cette liberté, c'est la *chambre des représentans*, dans laquelle seule peut être faite toute *proposition d'impôt*, *d'emprunt*, ou *de levée d'hommes*, et dans laquelle seule aussi, doit être porté le budjet de l'état, et le compte des recettes et dépenses (1).

« Vous oubliez également l'art. 67 de ce même acte constitutionnel.

---

(1) Art. 36 et 37.

Je réponds que ces dispositions seraient excellentes et même capables de couvrir , du moins en partie , les vices et les imperfections que je viens de relever , si la chambre des représentans pouvait être fortement et populairement organisée ; mais qu'elles sont illusoires , si , d'après sa formation intérieure , cette chambre se trouve sans force , et même sans volonté bien déterminée , toutes les fois qu'il s'agira de s'opposer à la volonté des ministres , soutenus par la chambre héréditaire des pairs.

§. VI.

Vices dans le mode d'élection et dans les conditions d'éligibilité.

Tout dépend , en politique et en législation , de la pureté des élémens , de la sage et forte organisation de l'assemblée nationale , à laquelle sont principalement délégués la représentation du peuple , les fonctions et le pouvoir législatifs.

Qu'il y ait une chambre de représentans ainsi constituée , alors dans le cas même où n'auraient pas été littéralement exprimées les diverses garanties qui appartiennent au peuple , et que ses représentans sont obligés de défendre , nous n'aurions à craindre ni la prérogative du monarque , ni les prétentions des ministres , ni les dignités , ni le pouvoir et les privilèges de la chambre des pairs.

Mais s'il se trouve dans le mode d'élection , et dans son organisation intérieure , un principe d'altération , d'impopularité de dépendance et moyens infaillibles de séduction ou de corruption , en vain vous aurez écrit dans l'acte additionnel aux constitutions ; en vain vous auriez gravé sur l'airain , des stipulations de garantie , des moyens de maintenir la liberté publique ; toutes ces stipulations seront vaines , les moyens de résistance seront , par les hommes mêmes à qui l'emploi en aura été confié , considérés comme un principe de désordre et de troubles , et « *les remèdes in-*

diqués auront été détruits d'avance par les maux qu'ils auront dû guérir.

Or, disons-le sans aigreur, mais avec une sage liberté : Quel caractère de popularité et d'indépendance pouvez-vous espérer d'une assemblée qui devra son existence légale et ses fonctions publiques, non à des électeurs populaires, périodiquement renouvellés, mais à un corps permanent et privilégié, qui, non-seulement se trouvera éloigné du peuple et en sera devenu indépendant par une *nomination* à vie, faite sous l'influence des préfets et des sous-préfets, mais qui s'en éloignera de nouveau, par une seconde influence bien plus dangereuse, bien plus active encore, celle *du président* de chaque collége électoral qui, au lieu d'être choisi parmi ses pairs, ses concitoyens égaux en droits, dans la classe des propriétaires et des sages de sa contrée, sera ministériellement et pour ainsi dire, diplomatiquement envoyé de la *chambre des Grands héréditaires*, avec des instructions impératives et un caractère d'*inamovibilité*.

Quelle confiance les habitans d'un département éloigné pourront-ils donner à un président, dont ils ne connaîtront ni le caractère, ni les principes, ni les mœurs ?

Et cependant revêtu des plus hautes dignités, entouré de complaisans, de richesses et de luxe, parlant et agissant au nom des premières autorités de l'empire, protecteur puissant, ennemi dangereux, de quelle influence ne sera-t-il pas dans les élections ?

Quel électeur assez ferme, rejettera la liste adroitement et confidentiellement présentée ? Quel est celui qui osera donner son suffrage à tel citoyen que la correspondance des ministres et la sage prévoyance des premiers commis auront déclaré suspect ?

Art. 27 et 29.

Colléges électoraux, à vie, présidés par un membre de la chambre des pairs.

Art. 3o.

Attribution au collège de département de la nomination du président et des vice-présidens des collèges d'arrondissement.

Je montre ici le résultat nécessaire du mode d'élection établi par les articles 27 et 29 du nouvel Acte constitutionnel, relativement aux collèges de département; je pourrais, par les mêmes motifs, censurer la disposition de l'article 3o, qui attribue au collège départemental, la nomination du président et des vice-présidens d'arrondissement, mais je ne veux ni ne puis faire un volume;

Je demande seulement par quelle étrange fatalité les publicistes qui s'occupent de la déclaration de nos droits, semblent avoir pris, au moment même où ils rétablissaient le mot de *pairs*, une insurmontable aversion pour la vraie *parité*, pour l'égalité de droits dans les assemblées? Pourquoi veulent-ils que les présidens et vice-présidens aient un autre caractère que celui de *primi inter pares*, librement élus par leurs égaux? Pourquoi, ni la chambre des pairs, ni celle des représentans, ni les collèges électoraux, ni les tribunaux, ni aucune sorte d'administrateurs, n'ont-ils la faculté, si juste, si naturelle et si chère à tous les citoyens, de nommer leurs présidens?

En attendant qu'on réponde à cette question et qu'on nous explique, d'une manière satisfaisante, comment il sera possible de neutraliser ou d'atténuer la dangereuse influence des présidens d'asssemblées électorales, ministériellement et anti-populairement nommés, je vais fixer un moment l'attention sur un autre article de l'Acte constitutionnel, conçu en ces termes:

Art. 17.

Compatibilité, de la qualité de pair ou de représentant avec toute fonction publique.

« La qualité de pair et de représentant est compatible » avec toute fonction publique, hors celles de comp- » tables. »

Je ne veux point m'arrêter sur ce qui semblait, il y a peu de temps, une réclamation presque unanime, un cri de l'opinion générale contre la réunion de diverses fonctions publiques sur le même individu;

Je laisse aussi de côté la question de savoir si un représentant du peuple est, par cela seul, un *fonctionnaire public*.

Et je n'exige point que, comme les anciens législateurs, il se retire dans un lieu solitaire, pour y méditer et y combiner en silence, toutes les maximes de sagesse politique, tous les grands principes de l'ordre social.

Dans l'état actuel des mœurs et des divers systêmes de gouvernement de l'Europe, aucun individu n'offre par son génie, par sa religion, sa politique et ses mœurs, assez de garantie, pour qu'une nation, quelle qu'elle soit, ose confier à lui seul le soin de sa législation.

Il faut une représentation nationale, des discours, des écrits imprimés, des discussions en sens opposés, et c'est de ces discussions mêmes et de ces oppositions, qu'on fait ressortir les règles et les principes des meilleures lois.

Mais s'il n'est pas indispensable que les membres du corps-législatif soient séparés du gouvernement et de la société de leurs concitoyens, il existe, au moins, relativement à leurs attributions et à leurs devoirs, quelques vérités importantes que la légèreté ou l'insouciance pourraient seules se dissimuler.

La première est celle-ci :

La chambre des représentans est éminemment et spécialement chargée de maintenir ou d'améliorer la constitution, et de veiller aux intérêts du peuple.

Seconde vérité :

Les actes ministériels, chez toutes les nations et dans tous les gouvernemens, quelque sages, quelqu'éclairés que soient les ministres, peuvent se trouver en opposition avec les droits du peuple et avec l'acte constitutionnel.

Une condition, un caractère essentiel dans les représentans du peuple, est donc d'être absolument dégagés

de toute subordination, de toute dépendance de l'autorité ministérielle.

Mais si la qualité de membre de la chambre des représentans est compatible avec toute fonction publique,
tous les fonctionnaires nommés par les ministres, tous
les agens et employés du gouvernement, médiats ou
immédiats, *pourront* réunir à leur emploi la qualité de
représentant du peuple, siéger et opiner à la chambre
des députés.

Que dis-je! *pourront*.

Personne ne doute que cette classe de fonctionnaires
ou d'agens ministériels n'ait assez de force, de crédit et
d'influence pour obtenir, dans les collèges électoraux,
une majorité habituelle, une préférence marquée sur les
autres citoyens.

Si cependant il est vrai que les intérêts du peuple
soient quelquefois blessés ou contrariés par les actes
du pouvoir exécutif, et si l'intérêt personnel des
agens du gouvernement est d'obtenir ou de conserver
la faveur des ministres, il faudra donc que pour remplir dignement et fidèlement leurs devoirs, tous ces
fonctionnaires subordonnés et dépendans, sacrifient à la
cause du peuple tout ce qui pourra se présenter de plus
favorable à leur ambition, à leur fortune, à leurs intérêts
les plus précieux.

Sans doute, il est en France, plus peut-être que partout ailleurs, des caractères capables de ces grands et
nobles sacrifices, de ces héroïques efforts; mais combien pourra-t-on en compter (1)?

Vous voulez prendre dans les lois d'Angleterre les
institutions qui sont de nature à renforcer le pouvoir

____

(1) Lorsqu'à la session dernière, on proposa de statuer
que le *ministre-chancelier de France* présiderait toutes les
chambres de la cour de cassation, c'est-à-dire, d'anéantir

et la force du gouvernement, prenez donc aussi dans ces mêmes lois ce qui, sans affaiblir ce que le gouvernement a de constitutionnel, tend à défendre et à conserver ce qui est véritablement d'intérêt et d'ordre public.

La constitution d'Angleterre admet, pour la chambre des communes, deux sortes d'élections, celle des *comtés* et celle des *villes*.

Tout propriétaire, possédant un fonds libre (*free-hold*) de la valeur de 40 *shillings* (environ 50 fr.) de revenu) a, dans un *comté*, la qualité *d'électeur*.

Et pour être électeur dans *les villes*, il suffit d'être homme libre (*freemen*).

Les élections du comté appartiennent donc bien réellement à la masse générale des propriétaires, sans que la loi en ait, comme en France, excepté ceux d'une médiocre fortune.

Elles sont, dans les villes, déléguées à tous les hommes libres, c'est-à-dire, à la masse entière des habitans.

Ces élections, résultat du vœu général, sont donc essentiellement populaires.

Rapprochez maintenant de ces deux modes d'élection, celui d'un *collège exclusif et privilégié* d'un *petit nombre d'électeurs à vie*, présidé par un ministre, ou par *tout autre membre de la chambre des pairs*.

Voyez ce grand fonctionnaire ministériel portant son influence, répandant ses instructions sur toutes les parties du département par la nomination des présidens,

---

l'indépendance si grande, si utile et si salutaire de cette cour, quels furent les fonctionnaires publics, *agens du gouvernement*, qui osèrent combattre cette proposition?

Quels furent ceux de ces fonctionnaires qui s'abstinrent de la soutenir?

vice-présidens et scrutateurs des colléges d'arrondissement.

Comparez et jugez.

Je sais néanmoins que les bons esprits se plaignent,
en Angleterre, du mode d'élection (vicieux en effet
sous beaucoup de rapports).

Mais je ne le juge ici que *comparativement*, et je
demande par quel étrange, par quel malheureux concours d'accidens, de circonstances et de préjugés nouveaux, il a pu arriver, dans un siècle de lumières et à
mille lieues de la féodalité, que, dans son imperfection
même, ce mode d'élection d'Angleterre fût meilleur
et plus populaire que celui des Français.

L'avantage que présentent les lois anglaises, relativement au mode d'élection, elles l'ont également établi et
fortement maintenu dans les conditions d'éligibilité.

Ce ne sont pas seulement les fonctions de *comptables*
que ces lois déclarent *incompatibles* avec celles de membres de la chambre des communes,

Outre un grand nombre de fonctionnaires du gouvernement qui, en présentant quelqu'analogie médiate ou
immédiate avec les agens comptables, n'en ont cependant
rigoureusement ni la qualité, ni les obligations, tels que :

Les citoyens intéressés dans la perception des taxes ;
Les commissaires pour les prises ;
Les contrôleurs des comptes ;
Les agens des régimens ;
Les commis dans les différens bureaux des finances ;
qui sont déclarés inéligibles.

Les lois anglaises éloignent également du corps législatif toutes personnes exerçant *un office de la couronne*,
créé depuis 1705 ; toutes celles qui ont une pension
durant plaisir, ou pour *un terme*.

Et ces mêmes lois veulent aussi que tout membre de
la chambre des communes qui *accepte* un office *sous la*

couronne perde sa place et ne puisse siéger que dans le cas où il serait *réélu*.

En France, au contraire, d'après le nouvel acte constitutionnel, rien ne serait plus facile que de composer, en très-grande majorité, la chambre des députés et celle des pairs, de ministres, de conseillers-d'état, de procureurs et avocats-généraux, de procureurs impériaux, de préfets, d'administrateurs, de premiers commis, de chefs de bureaux, d'agens et de salariés de toute classe et de toute condition.

Et l'on peut ajouter qu'entre cette grande corporation et les simples citoyens membres de la même chambre, il y aurait une si grande disproportion, une si excessive inégalité de fortune, de dignités et de pouvoirs, qu'il serait moralement et physiquement impossible que ceux qui se trouveraient députés non fonctionnaires, ou fonctionnaires indépendans, eussent dans l'assemblée une opinion, un caractère prononcé, que peut-être même, on regarderait comme fauteurs de désordres et de troubles, le petit nombre de ceux qui oseraient manifester le moindre esprit d'opposition.

Cependant les Français sont si amoureux de tous les genres de gloire, si désireux de l'estime publique, et ont un si noble sentiment d'amour-propre, que sans doute il s'en présenterait qui, foulant aux pieds toute considération personnelle, voudraient remplir religieusement leur devoir, et émettre librement leur pensée.

Mais comme si on eût prévu et redouté l'élan de ces âmes fières et généreuses, on a pris soin de multiplier les obstacles, et de leur interdire le seul moyen de les vaincre, en ne leur permettant d'user ni des ressources d'une dialectique forte et raisonnée, ni de cette vraie et solide éloquence, qui ne consiste pas seulement dans quelques mouvemens oratoires, rapides et fugitifs, mais qui est l'effet d'un sentiment vif et profond, réglé par l'étude, la méditation et le travail.

Qu'on examine, pour en être convaincu, l'organisation et les travaux intérieurs des deux chambres, conformément aux articles 9, 19, 21, 23, 24 et 26.

Qu'on se représente, au sein de la chambre des députés, un ministre ou un conseiller d'état, réunissant la fermeté au talent, et venant ou proposer une mauvaise loi (ce qui ne serait pas impossible), ou rendre un compte inexact, ou donner sur les plus grands intérêts de l'état, des éclaircissemens qui, loin d'éclaircir, jetteraient la chambre dans de nouveaux doutes, et feraient naître contre le ministre les plus justes soupçons d'antipopularité et de conduite arbitraire.

Un discours, dès long-temps préparé, soigneusement écrit, serait, à la tribune même des représentans, *lu* par ce ministre ;

Bientôt après, le rapporteur d'une commission auquel, avec les intentions les plus pures, il serait extrêmement difficile de se défendre et de se garantir entièrement contre les éclaircissemens confidentiels, et l'influence secrète et non moins active de ce ministre, viendrait *lire* aussi à la tribune, un rapport adroit et volumineux.

Que pourraient alors un petit nombre de citoyens indépendans, dévoués à la chose publique, non par esprit de faction, non pour donner, comme on l'a dit, un *trône à l'anarchie*, qui n'a et ne peut point avoir de trône (1), mais par un zèle pur et dans un vrai sentiment de *probité politique?*

___

(1) L'anarchie est comme un torrent qui renverse ou dévore, sans avoir aucune marche fixe ou réglée, et il est

Ayant à combattre, et le ministre de qui serait émané ou le compte rendu, ou la proposition de la loi, et qui siégerait et prendrait part aux discussions.

Et d'autres ministres, membres de la chambre des représentans, qui, non seulement siégeraient et pourraient discuter, mais qui auraient voix délibérative.

Et ce grand nombre d'agens du gouvernement qui, par la compatibilité des fonctions, auraient en perspective, d'un côté, leurs devoirs ; de l'autre, la conservation de leur fortune et de leurs dignités.

Et peut-être enfin la prévention du *président* de l'assemblée qui, tenant du gouvernement son titre et sa dignité, devrait, (sauf l'exception de quelques caractères infiniment rares) être considéré comme une sorte de ministre ou de conseiller-d'état ;

Quels seraient leurs moyens contre tant d'adversaires si habiles et si forts ?

« Parlez, leur dirait-on, mais vous ne pouvez lire ou » prononcer aucun discours écrit ; c'est la disposition » de l'article 26, et c'est ainsi que cela se pratique en » Angleterre. »

Avant d'avoir lu cette étrange disposition, si contraire à l'esprit et aux habitudes des Français, les hommes qui ne sont point versés dans les hautes conceptions, ne pouvaient y croire.

Maintenant qu'ils l'ont lue et méditée, ils ne peuvent en imaginer le motif.

Comment concevoir, en effet, qu'une discussion

---

aussi inexact de dire : Le trône de l'anarchie, que de dire : *Le cours paisible ou le lit d'un torrent.*

Le trône est un siége d'or ;

L'anarchie ne s'assied jamais.

improvisée et verbeuse, doive être plus sage et mieux
ordonnée qu'un discours écrit et lu à la tribune, lorsqu'il s'agit d'examiner, d'analyser et souvent de réfuter
des discours, des rapports, des comptes *écrits et lus*
à la tribune.

Je ne sais si les sages et profondes dissertations de
Fox, de ce grand homme d'état, aussi patriote qu'élo-
quent, et si les volumineux fatras du *rhéteur* Burck,
n'avaient point été écrits, lorsqu'ils furent prononcés à la
chambre des communes.

Je n'ai jamais lu dans la constitution anglaise la disposition prohibitive, et je n'ai pas eu occasion d'observer de quelle manière et jusqu'à quel point elle est
suivie.

Mais que nous importe, au surplus, ce qui se pratique en Angleterre? L'Angleterre n'est point et ne fut
jamais infaillible; ce n'est pas elle, c'est la raison, c'est
le simple bon sens, c'est l'expérience qu'il faut consul-
ter; or le bon sens et la raison disent à tous les esprits,
et il est prouvé par l'expérience de toutes les assemblées
qui, parmi nous, se sont occupées de législation, que
jamais les opinions improvisées et non écrites, n'ont
offert ni la netteté d'idées, ni la modération de senti-
mens, ni la justesse des principes, ni la sagesse et la
clarté des conséquences qu'on peut et qu'on doit trouver, à égalité de talens, de zèle et d'instruction, dans
les opinions méditées, dans les discours écrits.

Comment serait-il possible de discuter sagement et
profondément, sans avoir écrit, les questions importantes de finances et de calculs; les tableaux compara-
tifs d'importation et d'exportation; les diverses règles
d'économie publique; le récit ou l'analyse des faits his-
toriques, anciens et modernes, souvent nécessaires à
l'appui de tel acte, ou de telle mesure politique?

Comment surtout, discuterait-on de mémoire, une loi

entière, criminelle ou civile, qu'on veut modifier ou abroger? Comment saisirait-on la nature, l'étendue et le véritable esprit d'*une loi proposée*, lorsque cette loi contiendrait une foule d'articles, pour l'adoption ou le rejet desquels on aurait besoin de la plus sérieuse attention?

Enfin, sur quel principe et de quel droit, la tribune se trouverait-elle interdite à un grand nombre de publicistes, de jurisconsultes, de savans, d'esprits supérieurs en tout genre, qui n'ont jamais eù la faculté de prononcer que des discours écrits?

Et pourquoi serait-elle facilement et perpétuellement ouverte à des improvisateurs, souvent brouillons, toujours verbeux, faibles et inexacts?

La réponse serait facile, si ceux qui veulent tant de célérité et si peu de méditation, nous disaient sincèrement leur pensée; c'est qu'ils redouteront peu ces derniers, auxquels il sera toujours impossible de saisir, à la fois, l'ensemble et les détails et de présenter l'analyse complète d'un projet de loi, d'un compte ministériel, ou du rapport d'une commission.

C'est qu'ils savent bien que cette analyse, cet examen lumineux, si utiles et même si nécessaires pour le maintien des vrais principes et de la constitution, sont infiniment plus faciles dans des discours médités et soigneusement écrits.

Non content d'avoir réuni tant de force et de moyens d'une part, tant de faiblesse et d'entraves de l'autre, il semble qu'on ait voulu arrêter le moindre mouvement de résistance, étouffer le plus léger cri d'opposition, lorsque par *l'article* 21, on a laissé aux ministres le pouvoir de tout paralyser, en déterminant le gouvernement à prononcer, *par une simple proclamation*, l'ajournement et la *dissolution de la chambre*.

Art. 21.
Ajournement et dissolution de la chambre.

Il est vrai que cette proclamation doit convoquer les collèges électoraux pour une élection nouvelle , et indiquer la réunion des représentans dans six mois au plus tard.

Mais croit-on , dans l'intervalle de ces six mois, au sommeil des ministres , à l'inactivité de leurs agens , et au stoïcisme des nobles pairs , présidens à vie des collèges électoraux (1)?

Peut-on douter , un seul instant , que ceux qui , dans la chambre des députés , sincères amis du gouvernement , mais fidèles à leurs devoirs , auront osé censurer quelques opérations ministérielles , ne soient écartés des nouvelles élections, ou comme des esprits faux , ou comme des hommes dangereux , et qu'on ne les remplace par des courtisans intéressés , par des hommes faibles et peu instruits , aux yeux desquels le plus pur, le plus noble esprit *d'opposition* , présente le caractère de la sédition ou de l'anarchie (2).

-----

(1) J'ai déclaré déjà , et je ne saurais trop répéter , que je parle ici *pour l'avenir* , et sans aucune sorte d'application aux grands fonctionnaires et ministres actuels , dont les talens et les vertus sont , pour la génération présente , les plus sûres garanties.

(2) M. *de Chat. Br.* regarde comme contraire à tout bon principe de gouvernement , qu'il y ait dans l'assemblée des représentans du peuple , un parti quelconque *d'opposition*.

M. *de Bonald ,* dans une brochure intitulée *Théorie du pouvoir* , par *un gentilhomme français* , enseigne que « le » plus grand bienfait de la royauté est d'épargner à la so- » ciété une foule de grands hommes qui voudroient devenir » plus grands. »

Il dit , dans cette même théorie , « que la volonté de tout » un peuple, fût-elle *unanime* , *ne peut être la volonté gé-* » *nérale.* »

Il se demande ensuite : Qu'est-ce donc que la volonté

Voilà l'effet inévitable de cette faculté indéfinie de prorogation , d'ajournement et de dissolution.

Faculté qui donnera à l'autorité ministérielle une force invincible pour obtenir sans opposition , sans résistance , l'acceptation de *toute loi proposée* , dans le cas même où elle tendrait à affaiblir , à altérer ou à détruire nos libertés les plus chères , nos droits les plus sacrés.

Cette réflexion nous conduit à examiner la grande et importante question de la proposition de la loi.

SECTION III.

A qui du pouvoir exécutif ou des deux chambres, doit appartenir la proposition de la loi ?

Ne convient-il pas que l'initiative soit attribuée , concurremment , pleinement et également aux trois pouvoirs ?

Cette question n'est pas nouvelle, et lorsqu'on observe avec quelle attention l'ont méditée et dans quel sens l'ont résolue les plus profonds politiques , l'on a quelque droit de s'étonner de l'espèce de légèreté , ou

---

générale? et il finit par nous enseigner que la volonté générale est *Dieu* , ou *la volonté de Dieu* , que le *pouvoir général* est le *roi* , et que tous les autres citoyens (qu'il appelle *hommes physiques*) , constituant la *force générale* , ne sont que *sujets* ou *instrumens*.

C'est ce que ce nouveau *Locke* se proposait d'enseigner aux fils de princes et de rois , auxquels seuls il attribue la qualité d'*hommes moraux*.

d'insouciance qu'ont montrée , à cet égard , la plûpart
des légistes français.

Avant de l'examiner dans ses rapports avec le droit
politique des peuples modernes , il faut soigneusement
écarter toute espèce d'assimilation entre ce qui s'est pra-
tiqué dans les républiques anciennes , ou se pratique
encore aujourd'hui dans quelques républiques de l'Europe , et ce que comporte la nature d'un gouvernement
monarchique ou mixte.

Dans les républiques , ceux qui exercent les fonctions
du *gouvernement* ont des prérogatives , sans doute ,
et une grande supériorité de pouvoir ; mais il leur
manque cette élévation , cette majesté héréditaire , qui
séparent , en quelque sorte , le monarque des autres
citoyens.

Ces magistrats sont ordinairement électifs , et quoique peu nombreux , ils le sont cependant toujours assez , pour qu'il y ait dans leur corps même un parti
d'opposition , une opinion populaire , et pour que le
projet de loi , contradictoirement discuté et examiné ,
puisse offrir une sage combinaison , et de la force et
de la dignité nécessaires au gouvernement , et du maintien des droits de la représentation nationale.

Mais dans une monarchie , même constitutionnelle
et représentative , le monarque forme , *seul* , un grand
et redoutable pouvoir ; et les ministres , à l'instant
même où ils sont revêtus de leurs dignités , changeant
subitement d'état et de situation , séparent leur systême de l'opinion générale et des principes adoptés par
la grande masse des citoyens.

Il doit donc y avoir dans les gouvernemens de cette
nature , une opposition habituelle entre les idées politiques des représentans du peuple , et les idées politiques des ministres du monarque.

Les premières tendent à maintenir ou à renforcer la liberté populaire ; les secondes , à l'affaiblir.

Distinction qui , loin d'être paradoxale ou imaginaire , est constatée par l'expérience , par l'histoire de toutes les monarchies , chez tous les peuples et dans tous les temps.

Si maintenant , l'on considère quelle supériorité de force s'élève et peut s'accroître chaque jour , dans le parti ministériel ;

Si l'on fait attention que les seuls moyens de la chambre des représentans , pour obtenir l'adoption d'une loi proposée , sont l'utilité , la sagesse , l'équité de cette loi ;

Et que les moyens des ministres , alors même que la loi qu'ils proposeraient n'offrirait ni utilité , ni sagesse , sont la distribution de la fortune et des dignités , la disposition de tous les emplois religieux , civils et militaires.

Il est impossible de ne pas reconnaître qu'il y a un danger réel à laisser à la volonté et à l'habileté ministérielles , la *proposition des lois* (1).

Ce sont ces grandes et puissantes considérations qui ont déterminé la nation anglaise à confier à la chambre des pairs et à la chambre des communes , *l'attribution exclusive* du pouvoir de proposer la loi (2).

----

(1) Je supplie de croire que je parle toujours pour l'avenir.

(2) « A l'ouverture de chaque session , dit *Delolme* , le
» parlement d'Angleterre prend lui-même le grand livre de
» l'État ; il en ouvre toutes les pages , il en examine tous les

Le principe auquel les publicistes étrangers attachent, à cet égard, une si grande importance, parut dès que la liberté de la presse permit de le publier, si conforme aux droits bien entendus des peuples et des rois, il se répandit si généralement en Europe et devint si familier à tous les esprits et à toutes les opinions, qu'on vit (du moins théoriquement, et par une sorte de prodige auquel nous ne nous étions pas attendus), les ministres même de la famille des Bourbons le respecter et l'enseigner dans des écrits imprimés.

J'ai, en ce moment, sous les yeux, un Ecrit publié en 1796, intitulé : *Rapport fait au roi*, par un de ses *anciens conseillers d'état*, retiré *en Angleterre*, et dans lequel l'auteur, traçant un plan de constitution monarchique, s'exprimait ainsi :

« Le roi *admet* ou *rejette* le vœu de la nation, donne les lois ou crée les impôts *consentis par elle*. Il a la plénitude du pouvoir exécutif ».

Une autorité bien plus imposante, *Montesquieu* (1) dit en termes exprès :

« La puissance exécutrice doit prendre part à la législation par la *faculté d'empêcher* ».

...... Si le monarque prenait part à la législation par la faculté de statuer, *il n'y aurait plus de liberté*.........

« Il n'est pas même nécessaire que la puissance exécutrice *propose*, parce que, pouvant toujours désap-

---

» articles, et lorsque les abus proviennent de la viola-
» tion de la loi, il les raffermit ; lorsqu'ils proviennent de
» leur imprévoyance, il y pourvoit par une législation nou-
» velle......

« C'est même une règle constante que ni le roi, ni son
» conseil privé ne peuvent faire de changemens aux bills
» proposés ; le roi doit purement et simplement les approu-
» ver ou rejeter. »

(1) Esprit des lois, liv. 11.

prouver les résolutions , *elle peut rejeter les décisions des propositions qu'elle aurait voulu qu'on n'eût pas faites* ».

L'on conçoit que dans des temps si peu éloignés des orages de notre révolution , et lorsque tant d'ennemis de la vraie liberté politique et civile , se sont efforcés de présenter tout système de gouvernement libre , comme l'effet, ou d'une passion désordonnée ou d'un égarement d'esprit , nos publicistes français ne soient pas aussi populaires que le furent Montesquieu , Mirabeau, Thouret et Condorcet , mais qu'ils le fussent moins qu'un ancien ministre de la famille royale des Bourbons , c'est ce qu'il seroit impossible d'imaginer , et trop affligeant d'appercevoir (1).

---

(1) Un Ecrivain qui a beaucoup de talent , mais dont l'imagination traite les questions de politique , comme Mallebranche a traité la métaphysique , distingue le pouvoir royal du pouvoir exécutif.

Il fait du premier une force religieuse et mystique , il attribue le second aux ministres du Roi ; mais dans ce système , les ministres du Roi ne seraient pas seulement des ministres, de simples agens de l'autorité royale ; ils formeraient dans l'état une autorité réelle , constitutionnelle et permanente.

Cet Ecrivain n'a pas observé que par cette subtile distinction , il dénaturait la monarchie , et faisait du pouvoir royal une théocratie , et des fonctions ministérielles un gouvernement aristocratique.

C'est par une grande et salutaire fiction , qu'en déclarant *inviolable* la personne du monarque (alors même qu'il exercerait la tyrannie, ou ravagerait son pays) on s'est écarté du principe de la responsabilité personnelle.

Mais cette circonstance politique , absolument isolée , n'a ni détruit le principe, ni changé la nature du Gouvernement.

On prétend que la proposition de la loi , accordée par la constitution de 1791 à l'assemblée législative , eut quelques inconvéniens.

Mais il faut d'abord examiner avec une sage impartialité , le caractère des circonstances et des faits de cette époque , et en mettant de côté tous les écrits contrerévolutionnaires qui doivent être et seront pour l'histoire , de bien vicieux et de bien méprisables documens , il faut voir si ces inconvéniens provinrent de la nature des lois proposées , ou s'ils furent l'effet des dispositions du gouvernement , à rejeter et à proscrire tout ce qui tendait à soutenir la révolution et à consolider la liberté publique.

Sans trop s'arrêter à la discussion de ce point historique , qui seul exigerait un volume , il faut , en faisant abstraction de telles ou telles circonstances , nécessairement fugitives , examiner avec soin le principe en lui-même , adapter l'expérience à la théorie , prendre pour vraie expérience , non les mouvemens de quelques instans , chez un peuple en révolution , mais une suite constante d'actes politiques et heureux , chez un peuple grave et dès longtemps constitué ; il faut convenir enfin que cette question est digne d'être profondément méditée.

§.

Faculté de proposer des amendemens et d'inviter à une proposition de loi.

Il est vrai que , d'après les articles 23 et 24 de l'acte constitutionnel , les chambres peuvent proposer des *amendemens.*

« Qu'elles ont aussi la faculté *d'inciter le gouvernement à proposer* une loi sur un objet déterminé ».

Mais cette faculté , imitation exacte , copie textuelle de celle qui , à force de tentatives , de mouvemens et d'efforts , fut obtenue du gouvernement royal et insérée dans la charte de 1814 , donne-t-elle réellement aux deux chambres la prérogative , si importante et si précieuse , de la proposition de la loi ?

Ou n'est-elle, en effet, qu'une concession fictive, qu'une prérogative illusoire ?

Qu'il me soit permis de présenter, à cet égard, un petit nombre de réflexions courtes et analytiques.

L'art. 23 permet aux deux chambres de proposer des *amendemens* ; mais si ces amendemens ne sont pas adoptés, ce même article les oblige rigoureusement de voter *sur la loi telle qu'elle a été proposée.*

Quelle est donc la situation dans laquelle se trouvent les chambres, lorsque les amendemens qu'elles croient nécessaires, pour la correction ou pour l'amélioration de la loi, sont rejetés par le gouvernement.

Elles sont dans l'alternative forcée, ou de renoncer à ces amendemens, ou *de rejeter la loi en entier.*

Mais le rejet *plein et entier* d'une loi proposée, n'est pas un acte vain, ou d'une légère importance ; il faudra, pour le déterminer, que la loi soit généralement reconnue, ou comme vicieuse, ou comme inutile. Il y aura toujours, à cet égard, dans les opinions des deux chambres (alors même qu'elles s'accorderaient sur les *amendemens*), les plus vives et les plus fortes oppositions.

Et en pareil cas, il doit nécessairement arriver que l'extrême inconvénient de rejeter tout ce que contient la loi, détermine les chambres à la sanctionner en entier, même avec ce qu'elle renferme de vicieux ou d'imparfait, et sans aucune sorte d'amendement.

La faculté *d'inviter le gouvernement à proposer une loi* (1), me semble également et sous divers rapports, absolument illusoire, d'abord, parce que, sur cette

____

(1) Art. 24.

invitation , les ministres , sans rejeter ni approuver , peuvent *indéfiniment ne pas proposer.*

En second lieu , parce que les chambres n'ayant pas directement la faculté de proposer la loi , mais seulement d'en indiquer l'objet , les ministres peuvent s'emparer de l'idée émise , à cet égard , par l'une des chambres , l'étendre ou la restreindre , la modifier ou la dénaturer et faire eux - mêmes la proposition d'une loi qui dans l'intégrité de ses dispositions , offre un caractère essentiellement différent de celui que , dans leur indication , auraient desiré les chambres ; ce qui réduit celles-ci à la simple et inutile faculté des *amendemens* permis par l'article 23.

Et enfin parce que , l'acte de l'une des chambres n'étant point une proposition de loi , mais seulement *une prière de la proposer* , les ministres sont les maîtres de hâter ou d'éloigner , arbitrairement , l'époque et le moment de la proposition qui n'appartient qu'au gouvernement. Ils sont les maîtres de se régler , sur la force et le caractère présumés des membres qui composent les chambres , de ne point faire de proposition de loi , si la majorité se trouve forte et indépendante , ou même d'user de la faculté de l'ajournement ou de la dissolution. . . . .

Les auteurs de la charte royale de 1814, en accordant , après une longue et forte résistance , la faculté de cette *humble et inutile prière* , avaient eu sous les yeux et voulaient , sans doute , imiter les *pétitions* que dans le quatorzième siècle (sous Edouard II et sous Edouard III) les communes commencèrent à joindre aux *bills* par lesquels elles accordaient des subsides.

Mais quelle différence de temps, de mœurs et de civilisation ! L'adjonction de ces pétitions aux bills des subsides fut , en Angleterre , disent les historiens , *l'aurore* du pouvoir législatif.

Combien, depuis cette époque, et malgré la tyrannie du règne des *Tudors*, ce pouvoir n'a-t-il pas pris de force et d'accroissement !

« Depuis Henri Ier., troisième fils de Guillaume-le-
» Conquérant, et Henri II, fils de Geoffroi *Plan-*
» *tagenet*, comte d'Anjou (12e siècle), jusqu'à Henri IV
» (commencement du 15e) dans la succession de onze
» règnes ,

» Chaque évènement un peu considérable, dit De-
» lolme , fut marqué par une addition au pouvoir des
» communes, additions lentes à la vérité, mais additions
» paisibles et légales , et qui n'en étaient que plus pro-
» pres à s'imprimer dans l'esprit des peuples et à s'in-
» corporer aux anciens principes (1). »

----

(1) Tom. 1 , ch. 2.

L'auteur eut pu observer que ce fut malgré les contradictions et les tentatives sans cesse réitérées de ces divers Rois, que le Parlement, jusqu'à Henri V, put maintenir les chartes et la liberté publique.

Il est curieux et non moins utile de se rappeler les discussions qui eurent lieu sous presque tous les règnes et notamment sous *Henri III*, qui , couronné très-jeune , regna 56 ans.

En 1217 , ce Prince *jure* qu'il maintiendra les privilèges des Anglais.

En 1223 et 1225 , *sermens* réitérés et confirmation des chartes.

Mais en 1227 , le Pape et le Clergé lui conseillent de se rendre absolu , il *rétracte* ses sermens et prononce l'annullation des chartes.

De 1227 à 1254 , sur divers refus de subsides , *nouveaux sermens*.

Mais deux fois le Roi s'adresse au S.-Siège , et *les sermens sont annullés*.

Nous venons de voir que la constitution des Anglais accordait entièrement et *exclusivement* aux deux chambres composant le parlement, la proposition des lois.

Les mœurs, les habitudes des Français répugnent à la concession de ce droit *exclusif*, je ne le contesterai point ;

Mais je demanderai par quel subit renversement d'idées, après avoir montré un si grand zèle pour l'adoption de quelques institutions, de quelques usages anglais, nos publicistes ont pu, tout à coup, s'en écarter au point que sur cet objet, si important pour la liberté publique, notre Acte constitutionnel offre précisément et absolument l'inverse de ce qui se pratique en Angleterre.

La constitution anglaise accorde aux chambres *la proposition* de la loi, et la refuse au roi et à son conseil.

En 1254, assemblée des Pairs ou Barons (sous le titre de Parlement) Réglement et *Statuts d'Oxford*.

Le Roi *jure* de les maintenir ; en 1260, nouvelle intervention *du Pape*, *nouveau serment annullé*.

En 1264, le Roi et les barons prennent le Roi de France (Louis IX) pour médiateur ; et quoique Louis IX fut un saint, ou peut-être parce qu'il l'était, son jugement ressemble à celui du pape ; il est partial et rejeté par les barons.

Tant d'actes d'une tyrannie absurde amènent une guerre civile, et la bataille de *Lewes*, où le roi des Romains et le prince Edouard sont faits prisonniers ;

Le parlement est convoqué ; on y admet pour la première fois, les députés des villes et des bourgs, qui furent ensuite plus incontestablement ou plus réguliérement admis en 1295, sous le règne d'*Edouard* Ier.

Lequel Edouard (surnommé le *Justinien* de l'Angleterre), fut cependant aussi obligé de *confirmer onze fois* la grande charte.

L'acte constitutionnel français l'accorde au gouvernement et à son conseil, et la refuse aux deux chambres.

En Angleterre, ni le roi, ni son conseil privé ne peuvent faire de changemens aux bills proposés par les deux chambres.

En France, ni la chambre des pairs, ni celle des représentans, ne peuvent faire de changemens aux lois proposées par le roi et par son conseil.

En Angleterre, la faculté consultative accordée au gouvernement est seulement d'envoyer des messages à l'une ou l'autre chambre, pour les *inviter* à aviser sur certains sujets, à former un *bill* de la manière usitée, et sans que les chambres soient obligées de prendre, *dans un temps fixé*, aucune sorte de détermination.

En France, d'après l'art. 25, les chambres ont seulement la faculté d'*inviter* le gouvernement à proposer une loi sur un objet déterminé, et sans qu'aucun temps, *aucun délai soit fixé* pour que, sur l'invitation, cette loi soit proposée.

Les précautions prises en faveur du parlement d'Angleterre ont paru aux publicistes de cette nation, avoir été nécessaires, pour donner aux délibérations une liberté, une régularité complètes.

C'est, sans doute, pour que cette liberté fût tempérée ou mitigée, que les précautions contraires ont paru nécessaires aux publicistes français. . . . . .

Ce sujet, aussi important que délicat et aussi délicat qu'important, est infiniment loin d'être épuisé, et je ne puis, sans doute, n'ayant ni le génie de Montesquieu, ni un travail de vingt années, dire comme lui :

Italiam, Italiam !

Mais je sens qu'il faut terminer ; je ne me permets plus qu'une réflexion, et cette réflexion est conciliante.

Prêtons – nous aux modifications qu'on exige pour contenir l'extrême vivacité des Français;

N'adoptons, en entier, sur la proposition de la loi, ni la constitution d'Angleterre, ni l'opinion de Montesquieu, tempérons cette opinion par celle des *jurisconsultes français* (1).

Mais faisons des vœux pour que l'initiative des lois s'exerce *concurremment*, *pleinement* et *également*, par le Monarque, par la chambre des pairs ou du sénat, et par la chambre des représentans.

CONCLUSION.

Il est plus facile de démolir que de construire, de censurer quelques parties d'un établissement que d'en proposer un meilleur.

Je n'aurai donc point la témérité de substituer un projet d'articles constitutionnels à ceux que j'ai osé présenter comme susceptibles de changemens ou d'améliorations.

Les grandes autorités nationales, auxquelles le peuple français, sinon par une déclaration formelle, du moins par l'expression non-équivoque de son intention et de ses vœux, vient de déléguer les premiers pouvoirs, vont, sans doute, avec l'énergie du vrai patriotisme, la maturité d'une haute philosophie, et les succès qu'on doit attendre d'une grande réunion d'instruction et de talens, consolider et garantir notre indépendance extérieure et notre liberté politique.

Elles auront pour puissans auxiliaires, les écrits des sages de toutes les nations.

---

(1) Les *Jurisconsultes français*, dit Delolme, se sont distingués en tout tems, *par leur zèle pour l'agrandissement de la couronne.*

Et pour moyens infaillibles (non dans le moment actuel, mais lorsque les circonstances le permettront) les délibérations publiques, épurées par les suffrages ou par la censure qu'exprimeront avec calme, mais avec liberté, toutes les classes de citoyens.

Pendant qu'elles prépareront et mûriront ce grand acte, nous réunirons nos vœux, notre zèle et nos efforts, pour que le gouvernement, occupé des grands intérêts de l'état et de la pacification de l'Europe, puisse bientôt donner le sceau de son pouvoir et le concours de son expérience et de son génie, à ce dernier code qui, en corrigeant, modifiant, améliorant, renfermera tout ce que les autres ont de bon, *mais n'en aura détruit aucun.* (1)

F I N.

---

(1) Si cette dernière pensée présentait quelque obscurité, comme alors même que mon opinion serait erronée, je désire être bien entendu, je vais m'expliquer clairement :

Des publicistes étrangers nous ont souvent taxés de légèreté, de mobilité, ou d'inconstance, sur les changemens fréquens et multipliés de nos constitutions.

Ce reproche que l'apparence semble justifier, n'est dû qu'à une erreur ou à une prévention qui porte uniquement sur une équivoque.

Les Anglais n'ont jamais dit qu'une de leurs constitutions eût détruit l'autre, et cependant combien ne peut-on pas leur compter d'actes constitutionnels ?

Sous *Jean Santerre.*	En 1215, leur grande charte. La charte des forêts (qui a eu besoin de quarante confirmations successives).
Sous *Henri III.*	En 1260. Réglemens ou statuts d'Oxford. En 1264. Acte d'admission dans le parlement des députés des villes et bourgs. (*Origine de la chambre des communes*).
Sous *Edouard I*^{er}.	En 1295. Acte légal et paisible de cette *admissibilité des députés des communes.* Statut *de tallagio non concedendo.*
Sous *Edouard II.* 14me siècle.	L'acte portant que *les pétitions* des communes seront jointes aux *bills.* (Origine de la *proposition des lois*).
Sous *Henri IV.* Commencement du 15me siècle.	Refus des communes de statuer sur les subsides, avant que le roi eût répondu à leurs pétitions.
Sous les *Stuarts* et *Cromwell.*	L'acte de la 16me année de Charles Ier, l'abolition des servitudes et mouvances féodales, et le fameux acte : *habeas corpus* (1), le bill des droits. La révolution de 1688 et 1689.

Tous ces changemens, opérés à des époques très-éloi-

---

(1) « Ces deux statuts qui assurent la propriété et la personne de chaque individu, forment, dit *Blakstone*, une 2de *grande Charte*, aussi précieuse, aussi féconde en bons effets que la première. »

          (Code crim d'Angl., t. 2, ch. 33.)

gnées, et avec plus ou moins d'efforts, de résistance et de combats, ont formé autant d'actes constitutionnels successifs.

L'on voit même que les premiers, notamment la *grande charte*, étaient bien insuffisans, puisque le principal effet de ce premier code, fut d'élever la grande corporation des nobles sur les ruines de la prérogative ou du pouvoir absolu des rois;

Puisque les députés des communes n'entrèrent dans le parlement que soixante ans après;

Puisqu'enfin, de cette époque à celle de l'acte: *habeas corpus* et à l'époque de la dernière révolution, il s'écoula plus de quatre siècles.

Mais les Anglais n'ont considéré les derniers actes que comme corrigeant ou améliorant, et ils ont constamment tout référé à leur *grande charte*, base de leur liberté politique.

Les Français n'ont-ils pas aussi une première époque, ou si l'on veut, une première *charte* à laquelle toutes les autres se réfèrent?

Oui, sans doute, ils en ont une. C'est celle des trois années 1789, 1790 et 1791. — Époque de l'abolition des privilèges et de la noblesse héréditaires, des servitudes féodales, de la corporation du clergé; époque du droit de suffrage, des élections populaires, de la vraie représentation nationale, de l'institution du jury, de la réformation de toutes nos lois civiles et criminelles.

On a détruit et effacé de la constitution de 1791, la *monarchie royale.*

De celle de l'an 3 (ou 1795), le *gouvernement directorial.* et de la constitution de l'an 8, le *gouvernement consulaire.*

Mais sur les principes fondamentaux, sur les vraies bases de notre liberté, les dispositions de ces premiers actes ont été conservées et répétées dans tous les actes postérieurs; on peut même observer que ce que ceux-ci ont de véritablement grand, de national et de populaire, fut sagement et constamment puisé dans les premiers.

Reconnaissons-donc toujours, en respectant et exécutant les constitutions actuellement en activité, et en réunissant tout en un seul code, reconnaissons et ne cessons de proclamer la première époque comme *l'ère de notre affranchissement politique*, puisque c'est alors, et par nos premiers actes constitutionnels, que nous sommes redevenus *citoyens*, que nous avons acquis d'impérissables garanties de la liberté, de la propriété, de la sûreté personnelle et *de l'égalité de droits*.